AF590068

DE LA

RUE DE LA BOUCHERIE,

A L'OCCASION

de la demande d'élargissement formée, depuis plusieurs années, par quelques-uns de ses propriétaires et habitants ;

PAR M. DU FEUGRAY,

Ancien Membre du Conseil municipal et du Conseil d'arrondissement.

(Extrait d'études sur les rues de Caen, pour servir à l'histoire de cette ville.)

CAEN,
Imprimerie de **DELOS**, rue Notre-Dame, 70, cour de la Monnaie.
1853.

DE LA RUE DE LA BOUCHERIE.

Il existe deux opinions sur l'ancienneté relative des différents quartiers de Caen. MM. de Bras et Huet pensent que le vieux Saint-Etienne fut le centre de la première agglomération qui devait un jour former une grande et belle ville. D'autres, au contraire, à la tête desquels est placé M. l'abbé de La Rue, croient que le lieu élevé où fut bâtie la forteresse du château, est celui où les Saxons fixèrent leur premier établissement, sur les bords de l'Orne, près du confluent de cette rivière avec celle d'Odon et du passage qui conduisait dans l'Hiesmois. Les monuments qui nous restent de ces temps reculés et une saine critique historique ont fait prévaloir cette dernière opinion. Quoi qu'il en soit, la rue dont nous allons parler est fort ancienne, puisque « dans tous les actes du XIIe siècle, jusques et y compris » le XVe, relatifs aux maisons de la partie méridionale » de cette rue, et dans toute sa longueur (c'est-à-dire en » y comprenant les rues Pailleuse et du Bout-du-Monde,

» qui en faisaient partie) il est souvent fait mention » des *palis* ou palissades de chaque maison (1). »

La boucherie est citée dans une charte de Pierre de Tilly, de 1208. Néanmoins, notre rue a porté plusieurs noms étrangers à cet établissement ; elle s'est appelée : *Rue Derrière-les Prés*, *rue des Prés*, *rue des Prés-Pallouze.* Suivant M. de La Rue, au XVe siècle, la Grande-Rue, depuis le Tripot jusqu'à Froide-Rue, s'appelait *Grande-Rue de la Boucherie* ; elle portait, le 22 mai 1572 (2), celui de rue des Bouchers, auquel succéda celui qu'elle a aujourd'hui. Huet cite quelques autres rues ou parties de rues comme ayant eu le même nom ; maintenant encore on connaît, à l'entrée de la rue de Bayeux, vers Saint-Etienne, *la place de la Petite-Boucherie.* Il y avait autrefois dans ce quartier beaucoup de fontaines, qui lui firent souvent donner le nom de *rue des Fontaines* ; elles étaient connues sous la dénomination de leurs propriétaires. Ainsi l'une d'elles, appelée de *Dame-Sybille-du-Bourg l'Abbé*, est mentionnée dans le Cartulaire de l'Hôtel-

(1) Voy. M. de La Rue, *Essais sur la ville de Caen*, t. I, p. 181 et suivantes. — Voyez Huet et Notes manuscrites de M. de La Rue. Il y avait quatre venelles qui communiquaient des rues Saint-Etienne et Notre-Dame à la rue de la Boucherie, savoir : la venelle *Loisel* ou Dallée, la venelle le *Roy*, la venelle *Artus*, la venelle *Goslay* ; deux sont supprimées, mais on reconnaît encore leur emplacement.

(2) Voy. le plan de Caen dans M. de Bras. Il a été publié dès 1572 par Belleforest, c'est-à-dire 16 ans avant l'apparition des *Antiquités*, qui eut lieu en 1588. Cette date de 1572 est celle de la permission accordée à Belleforest d'imprimer sa cosmographie.

Dieu, à la date de 1256 ; une autre appelée *Cornet* (1), etc., etc. Au nombre des fontaines dont parle M. de Bras, se trouve celle de *Notre-Dame*, remplacée par une pompe, rue d'Enfer. Le nom de *Notre Dame* lui vient d'une statue de la sainte Vierge, dont on voit encore le support, placée au coin de la rue de la Boucherie et de la venelle de la Vierge, qui monte vers Froide-Rue, et porte maintenant, comme du temps de Huet, le nom de venelle *Goslay* (2). Une autre fontaine coule encore, n° 21, Cour-des Cabinets ; elle alimente un vivier sur le bord de l'Odon. Il est à désirer qu'au moment de l'exécution des travaux d'élargissement et d'exhaussement du sol, l'administration municipale veille soigneusement, non-seulement à la conservation de ces

(1) Elle est remplacée par une pompe, et se trouve à l'extrémité de la rue Pailleuse ou du Bout-du-Monde. Ce nom est connu depuis plusieurs siècles dans l'exercice de la profession de boucher, et, de nos jours, il a acquis de la célébrité par l'engraissement des bœufs, et très-souvent M. Cornet obtint à Paris le prix du bœuf gras, accordé au carnaval de chaque année. Sa maison était rue de la Boucherie, n° 29. Il y a encore des personnes de ce nom et de cette famille à Caen qui exercent toujours honorablement la même profession.

(2) Remarquons que beaucoup de nos noms de rues sont défigurés. Il est cependant important de conserver exactement les noms primitifs avec leur orthographe. Ainsi on a écrit *rue Froide*, et c'est *Froide-Rue*, probablement un nom d'homme. On a, dans un autre quartier, écrit *rue des Muets*, au lieu de *rve avx Mvets*, encore gravé sur la pierre. Veut-on encore un exemple de ces incorrections pour une inscription de rue nouvelle ? On a écrit *rue de La Place*, au lieu de *rue La Place* qu'on voulait dire, etc., etc.

pompes, fontaine et vivier, mais encore à leur amélioration, si nécessaire et si facile.

Au XVIe siècle, une partie des eaux du Petit-Odon fut détournée dans cette rue, au moment d'une maladie contagieuse qui régnait à Caen. Prises non loin de la tour Chatimoine et de la bouche de l'égout, qui se trouve aujourd'hui devant le Palais-de-Justice, elles passaient au travers du cimetière Saint-Etienne, sous la cour de la maison Dumont (anciens bureaux de la préfecture), et débouchaient rue du Bout du-Monde, qu'elles arrosaient avec les rues Pailleuse et de la Boucherie. La rue Saint-Laurent n'était pas ouverte alors (1). Voilà, comme nous disons aujourd'hui, *un progrès*, un moment obtenu, que nous n'avons pas su conserver. Nous avons encore perdu le ruisseau qui coulait dans Froide-Rue (2).

Notre rue de la Boucherie est la seule qui demeure au

(1) Son ouverture fut résolue en 1660, et achevée en 1669. « Le nom de saint Laurent lui fut donné par Germain Guillebert, curé de Saint-Etienne, en considération de ce saint, » qui est un des patrons de Saint-Etienne, et fit marquer ce » nom en grosses lettres à l'entrée de la rue, comme il avait » fait marquer les noms de toutes les rues de la paroisse. » (Voy. Huet.) — Ce sont probablement les premières rues de la ville dont les noms aient été ainsi indiqués. Ne pourrait-on pas inscrire aussi les noms des rues sur les vitres des lanternes du gaz ou des anciens réverbères ? Cela serait très-utile pour les étrangers pendant la nuit. Le chemin de fer va, dans peu d'années, rendre cette légère amélioration, qui d'ailleurs serait peu coûteuse, bien nécessaire.

(2) *Et en eschappe* (du Petit-Odon) *un petit ruisseau, depuis le ponceau de Froide-Rue, tout le long d'icelle et de la Grande, les rend plus nettes.* (Voy. M. de Bras, liv. II, p. 14.)

milieu de la cité comme un spécimen des voies urbaines du XVIe siècle. En effet, elle a peu changé depuis cette époque déjà reculée ; elle est restée étroite (1), tortueuse, resserrée dans plusieurs de ses parties par des constructions en saillie sur les rez-de-chaussée, avec son pavé en contre-bas des rues voisines, avec ses portes et ses allées basses, obscures, humides. M. de Bras nous ap-

(1) Elle a environ 220 mètres de longueur, depuis la Venelle-aux-Chevaux jusqu'à la rencontre de la rue Saint-Laurent. Voici sa largeur, dans quelques-unes de ses parties, savoir : au n° 15, 2 mètres 50 centimètres ; aux n°s 19 et 21, 2 mètres 60 centimètres ; au n° 25, 2 mètres 50 centimètres. Toutes ces dimensions sont prises en dessous des constructions en saillie sur les rez-de-chaussée dans différents endroits. On comprend qu'il eût été impossible aux charrettes et aux autres voitures de passer, surtout avant que la longueur des moyeux et celle des essieux eussent été réduites et rigoureusement déterminées, si on n'avait pratiqué des rainures profondes dans les murs de face des maisons de chaque côté. Des alignements ont été précédemment donnés ; on peut les voir sur le plan *inexact* de la ville, dressé en exécution de la loi de 1807. Quelques propriétaires, en petit nombre, s'y sont conformés ; mais ces élargissements étaient bien insuffisants. Si on examine avec soin l'état des anciennes constructions de cette rue, celui de certains murs, de certaines lucarnes, on s'étonnera qu'il n'arrive pas de graves et fréquents accidents par la chute de quelques murailles ou des pierres de taille couronnant au-dessus des toits les ouvertures qui éclairent des mansardes. Cet état de choses offre à l'autorité un motif puissant, celui de la sûreté générale, pour hâter les reconstructions. C'est là, s'il en fût jamais, une raison d'utilité ou plutôt de sûreté publique. Joignez-y la question de salubrité ; ce sera un acte impérieux d'humanité.

prend que, de son temps, *elle était peu hantée sinon des bouchers qui s'y tiennent et y font leurs machacres de bêtes, dont le sang et immondices qui en sortent, vont tomber au plus grand cours de cette rivière d'Oudon vers les prairies, pour la commodité de ceux du mestier, comme aussi il y a pluisieurs belles et claires fontaines, bien à-propos pour la tenir nette, et les viandes après leurs machacres.* (Voyez M. de Bras, liv. 11, pag. 15.)

Cette rue n'est pas plus *hantée* qu'elle ne l'était du temps de M. de Bras. Et comment le serait-elle, quoique placée à peu près au centre de la ville ? Ses constructions, ses logements, tout en elle se trouve en désaccord avec les constructions, les logements, les habitudes d'aujourd'hui ; disons plus, avec les besoins des populations actuelles, qui non-seulement ne la fréquentent pas, mais en sont repoussées par tant de causes, qu'il est inutile de déduire ici, puisqu'elles sont sous les yeux de tout le monde. On conçoit que, dans les siècles passés, on ait établi la boucherie sur un lieu voisin de l'Odon, sur un point où se trouvaient *plusieurs belles et claires fontaines.* Il y a là une pensée d'hygiène publique, qui déjà ne suffisait plus au XVIe siècle, puisqu'alors les habitants et les échevins avaient pensé à établir un *machacre commun* (1) ; projet qui ne devait se réaliser qu'au XIXe siècle, par l'établissement de ce que nous appelons, en style nouveau, *un abattoir* ; établissement qui a été un grand pas de fait pour obtenir l'assainissement de la rue

(1) Il devait être placé près du moulin de Saint-Pierre ou du pont Saint-Jacques, sur le Petit-Orne. La place Royale n'existait pas alors ; elle était en pré. (Voy. le plan de M. de Bras. — Voy. les Registres municipaux.)

de la Boucherie ; car il fallait, avant tout, en écarter les tueries (1).

Aucun monument public, aucune habitation notable ne paraissent avoir existé dans cette rue. Une de ses maisons porte la date de 1593 ; elle est au n° 13. Une autre, à gauche en entrant par la rue Saint-Laurent, portant le n° 24, paraît avoir été originairement construite avec soin ; mais elle est tout-à-fait mutilée dans ses ouvertures et ses ornements primitifs. Les Frères de la doctrine chrétienne ont été établis au fond de l'allée n° 33. Il y avait un petit clocheton sur leur chapelle ; il a été détruit. Ils avaient une entrée par la rue Saint-Laurent, à l'endroit où se trouve maintenant un charron-forgeron. Mme veuve Brasil est aujourd'hui propriétaire des bâtiments qui ont été occupés par les Frères de la doctrine chrétienne, connus aussi sous le nom de Frères de Saint-Yon ; institution admirable due au génie du bienheureux abbé Jean-Baptiste *de La Salle*, dont la canonisation s'instruit en ce moment (2).

(1) Les Abattoirs, placés au *Poigneux,* sur des terrains ayant appartenu à l'Hôtel-Dieu, ont été ouverts aux bouchers, qui doivent y abattre exclusivement les bestiaux, vers la fin de l'année 1832.

(2) 1° Les Frères ont encore résidé rue Saint-Jean, n° 207, où ils furent appelés par M. Adrien-Antoine ACHARD, abbé de Vacognes, vicaire-général d'Avranches, doyen de la chrétienté, etc., etc., curé de Saint-Jean, mort le 8 mars 1782. Il avait fieffé la maison qu'ils occupaient d'un sieur Viel ; elle avait appartenu précédemment à une famille Tréhardi. On croit qu'ils quittèrent ce logement peu de temps après la mort de M. Achard, la rente due sur cette maison n'étant plus payée. Nous croyons devoir consigner ici que cette maison, en partie

Quoique la tradition orale ou l'histoire ne nous aient conservé aucune trace des événements dont la rue de la Boucherie aurait été le théâtre, il est cependant probable que, pendant l'excessive élévation du prix du pain qui signala les années 1709, 1713, 1725, etc., etc., à Caen, les graves désordres qui eurent lieu à cette occasion, et les violences exercées contre les amidonniers, y causèrent alors plus d'une scène tumultueuse ; car plusieurs de ces fabricants y exerçaient leur profession

reconstruite et appartenant aujourd'hui à M. Briand, a été habitée par notre poète Malfilâtre.

2° Rue Basse-Saint-Gilles, n° 36, une petite statue de la sainte Vierge, placée dans une niche, peinte en bleu, semée d'étoiles d'or, désigne encore ce lieu à la vénération et au souvenir publics comme ayant été habitée par les Frères. On remarque un monogramme au-dessus de la niche, et cette inscription au bas :

Sainte Mère de Dieu, priez pour nous.

3° Rappelés officiellement, vers les dernières années de l'Empire, à Caen, ils y revinrent en 1814, et occupèrent une maison au haut de la rue aux Namps, détruite pour ouvrir cette rue sur les promenades Saint-Julien. Ce fut sous l'administration de M. de Logivière, qui provoqua le rappel des Frères. Les premiers qui nous furent rendus vinrent de Lyon.

4° Ils ont eu des classes rue de l'église de Vaucelles, tout près de l'entrée et à gauche de la cour du presbytère, dans un bâtiment détruit, d'où ils ont été transférés, le 7 avril 1851, rue d'Auge, dans le beau local que la ville a fait construire pour eux, sur des terrains en jardins, vendus par M. Aubry et ayant appartenu à l'Hôtel-Dieu.

5° Une autre école est établie rue Bicoquet, non loin du cimetière Saint-Nicolas.

6° On prépare en ce moment (octobre 1853) un emplace-

sur les bords du Grand-Odon, et le local occupé aujourd'hui par M. Aubert, chamoiseur, n° 27, était une amidonnerie, ainsi qu'il résulte de ses titres de propriété. Mais si rien ne nous retrace d'anciens faits, tout nous rappelle encore *le machacre de bêtes.* Presque toutes les habitations sont délabrées, dégradées, abandonnées ; quelques-unes tombent en ruine et menacent la sûreté du petit nombre de personnes qui passent dans cette rue. Les rez-de-chaussée qui ont servi de tueries, pendant tant d'années, attestent, par les treillages en bois dont les portes et les autres ouvertures sont demeurées garnies, que les animaux étaient égorgés dans ces tristes lieux.

ment à l'hospice Saint-Louis, au moyen d'un legs fait à la ville par M. Senécal, pour y placer une classe dirigée par les Frères de la Doctrine chrétienne, dans l'intérêt des enfants pauvres de la paroisse Saint-Jean, qui n'avait pas, au milieu de sa population, le bienfait de l'instruction de ces excellents instituteurs. Ainsi, l'œuvre de M. l'abbé de Vacognes se trouvera continuée.

On placera aussi près de cette école un pénitencier destiné à recevoir les jeunes mendiants vagabonds. Ainsi, les jeunes filles reçues déjà depuis quelque temps à *la Charité,* les garçons reçus à *Saint-Louis,* n'offriront plus dans la ville le triste et douloureux spectacle de la jeunesse, de l'enfance même, prostituées à la mendicité, exposées avec elle à tous les vices, qui en sont les inévitables et déplorables résultats ; en même temps elles seront soustraites à l'infection des rues. On ne peut trop applaudir à de pareilles institutions.

7° Enfin, leur principal établissement, leur maison centrale où ils couchent tous, où se trouve un noviciat, est situé rue de Geôle, dans les anciens bâtiments conventuels des Bénédictines. C'est un beau local, maintenant bien disposé et abondamment pourvu d'eau.

Voici maintenant, et sous un autre rapport, l'état matériel de cette rue et sa population : elle compte vingt-six numéros pairs du côté des rues Saint-Etienne et Notre-Dame ; mais on doit remarquer qu'une partie des maisons de ces deux dernières rues arrivent sur celle de la Boucherie, où elles n'ont pas de numéros. Quant au côté gauche ou numéros impairs, ils sont au nombre de trente-trois. Il résulterait de ces deux nombres réunis celui de cinquante-neuf ; mais on commettrait une grave erreur si on ne comptait que cinquante-neuf maisons : d'abord, par la raison que nous venons de donner pour le côté droit ; ensuite, parce que le côté gauche, c'est-à-dire l'espace compris entre notre rue et l'Odon, est assez considérable, puisqu'il renferme des cours dans lesquelles se trouvent des corps-de-logis plus ou moins importants, et des établissements dans lesquels on prépare les cuirs et les peaux : un dans lequel on fabrique la bière ; un autre, des cordes à violon : tel est à peu près l'état des lieux sous ce rapport. Il nous semble démontré que l'ouverture de la rue doit surtout avoir lieu du côté gauche : 1° parce que c'est de ce côté que la population est la plus nombreuse, et, par conséquent, encore de ce côté que l'air, le soleil, sont le plus nécessaires ; 2° que c'est encore de ce côté qu'il existe des établissements classés, par le décret de 1810, comme plus ou moins insalubres, et qu'il est nécessaire de les placer dans de meilleures conditions hygiéniques ; 3° enfin, parce que c'est encore de ce côté que la reconstruction sera la moins dispendieuse pour tous, puisque les maisons existantes y sont en plus mauvais état (1).

(1) Le revenu cadastral, comme base de cotisation, est seulement de 5,889 fr. 44 c. ; le montant des loyers, comme base

Ce tableau, tout hideux qu'il est, n'empêche pas que ce quartier n'ait une importance industrielle assez grande. Elle est due tout entière à sa position sur le Grand Odon, dont les eaux ont favorisé, à toutes les époques, les établissements auxquels ce puissant élément de préparation industrielle est indispensable. Aussi y compte-t-on encore en ce moment :

1° Deux tanneurs ;

2° Quatre mégissiers (1) ;

de patentes, est de 2,470 fr., toujours pour le côté gauche. Il n'y a qu'une porte cochère, 441 ouvertures de 1re classe, 31 de 2e classe, 1 maison à une ouverture, 1 à deux ouvertures. Le côté droit est encore bien moins imposé, parce que le plus grand nombre de ses maisons appartiennent aux rues Saint-Etienne et Notre-Dame.

(1) Au nombre de ces mégissiers se trouve M. *Le Normand*, dont un des ancêtres obtint des lettres de maîtrise pour exercer la profession qui s'est honorablement perpétuée dans sa famille jusqu'à ce jour. Nous sommes heureux de pouvoir donner ici une note généalogique sur MM. Le Normand. La voici :

I. Pierre *Le Normand* obtint, le 9 janvier 1667, des lettres de maîtrise gratuites, à l'occasion et *en faveur du mariage de la Reine et de son heureux avènement à la Couronne*.

II. Pierre-Laurent *Le Normand*, aussi mégissier, servit dans le régiment d'Aubeterre en 1745.

III. Louis *Le Normand*, aussi mégissier. Il a honorablement servi ; il fut un des combattants d'Austerlitz. Blessé au genou, à la bataille d'Eylau, par une balle qui est demeurée dans l'articulation, il obtint une pension de retraite.—Il est vivant.

IV. Louis-Alexandre *Le Normand*, aussi mégissier, exerce sa profession, rue d'Enfer, n° 1.—Vivant.

Honneur à ces familles dans lesquelles se perpétue la même profession ! C'est toujours un signe certain de sagesse,

3° Un fabricant de cordes à violon ;

4° Un chamoiseur ;

5° Un fabricant de bière.

Les produits de ces différentes industries, qui presque toutes ont pour objet la préparation des cuirs et des peaux, donnent du travail à un assez grand nombre d'ouvriers, et présentent pour résultat une somme considérable, que nous ne pouvons indiquer ici, même d'une manière approximative. Nous dirons seulement que la fabrication des cuirs à Caen est déchue, et que plusieurs autres industries y ont disparu (1) ; raison de plus pour favoriser et pour faciliter le développement de celles qui existent.

Quant à la population, on compte 446 personnes dans la rue de la Boucherie et 56 dans la rue d'Enfer ; ainsi, ce sont 502 individus immédiatement et gravement intéressés à l'ouverture de cette rue, à son assainissement ; c'est-à-dire une population plus nombreuse que celle de beaucoup de nos communes rurales.

C'est donc avec autant de raison que de nécessité,

de probité ; une garantie de bonnes mœurs, de bonne conduite, de nobles sentiments.

Ces estimables et anciennes familles de fabricants sont nombreuses à Caen ; elles ont souvent rempli les fonctions municipales. Nous espérons un jour offrir la nomenclature de celles qui ont été appelées à cet honneur.

(1) La bonneterie, que nous avons tous vue, il y a cinquante ans, florissante, est bien diminuée. La fabrication des châles d'angora a disparu ; celle des bourses, des lingettes, de la haute-lisse, des draps, n'existe plus. 30,000 pièces de draps furent emportées par les Anglais, lorsqu'ils prirent notre ville au XVe siècle. (Voy. M. de Bras.)

c'est donc avec toute l'autorité de l'hygiène publique et celle non moins grande des intérêts privés, que les propriétaires de cette rue ont sollicité son élargissement depuis le 29 avril 1847 ; car, dans son état présent, leurs maisons restent sans valeur actuelle et y resteront sans valeur future autant de temps que la population, et avec elle toutes les industries que sa présence fait naître, n'y sera pas attirée. Qu'ils y pensent donc sérieusement de leur côté ; mais que l'autorité aussi donne toutes les facilités légales, tous les moyens, tous les encouragements qui dépendent d'elle et du concours du Conseil communal. Ainsi, qu'administrateurs et propriétaires se coalisent au plus tôt avec énergie, afin que ceux qui habitent cette rue sortent du cloaque où ils croupissent depuis trop long-temps. Honneur ! trois fois honneur à l'Hercule municipal qui nettoiera promptement et complètement ces autres écuries d'Augias!

Nous disons promptement et complètement ; car si l'élargissement proposé par l'alignement dont l'enquête est l'objet n'avait lieu que lentement et par une longue succession de temps, les avantages qui doivent en résulter se feraient attendre indéfiniment ; mais, pour atteindre ce but si désirable, le concert bien et équitablement combiné, l'entente loyale de tous les propriétaires doivent avoir lieu ; puis il est nécessaire qu'ils soient secondés par la bonne direction donnée aux travaux d'élargissement et de redressement, au percement des rues voisines, à la destruction de la halle à la viande, en lui substituant des constructions qui assainiraient le quartier en même temps qu'elles l'embelliraient, en y attirant la population et avec elle l'activité industrielle.

Reprenons ces deux conditions essentielles de prompte exécution et de prospérité.

1° L'entente de tous les propriétaires : c'est à eux d'aviser aux moyens de s'organiser, de manière à obtenir le plus promptement possible la reconstruction de la rue dans toute sa longueur. Ce n'est pas chose facile, assurément ; mais, avant tout, qu'ils découvrent et choisissent parmi eux quelques hommes intelligents, probes, difficiles à rebuter, tenaces, qui veuillent bien se dévouer à cette rude besogne, affronter et vaincre les nombreux dégoûts, les difficultés renaissantes d'une pareille mission. Il ne nous appartient pas d'en dire davantage sur cette première question ; il nous suffit de signaler la nécessité d'une prompte exécution (1).

(1) Qu'arrivera-t-il après l'ouverture et l'assainissement de la rue de la Boucherie, après la reconstruction de ses maisons, lorsqu'elle aura touché la Venelle-aux-Chevaux d'un bout et atteint de l'autre le boulevard de la Préfecture, après la prolongation de la rue *au Canû* jusqu'à la place Royale ? — Ce qu'il arrivera ? Que la population peu riche, qui y trouve des loyers à bas prix en ce moment, émigrera vers les faubourgs, où elle obtiendra des logements moins chers et plus sains. Il arrivera ce que nous avons vu après la reconstruction des maisons en bois de la rue Saint-Pierre, après celle des maisons de la rue Branville, vers l'église de Vaucelles ; ce qui arrive au centre de toutes les villes où s'élèvent de nouvelles constructions, plus belles et plus commodes, mais aussi plus chères.

Après cela, ce quartier, ainsi conquis à la salubrité, à l'industrie, à la prospérité, offrira des avantages pécuniaires à ses propriétaires et au fisc, de meilleures conditions hygiéniques à ses habitants. Tout le monde y gagnera donc.

2° La bonne direction donnée par l'autorité à la réalisation de ce projet. Elle peut agir de deux manières principales sur cette importante affaire : d'abord, par un décret de déclaration d'utilité publique, puissamment motivé par des raisons de sûreté et de salubrité; ensuite par l'achat de maisons à détruire, ainsi qu'on vient de le faire pour les rues *au Canu* et de *l'Académie*.

Celle dont nous nous occupons est bien autrement importante par sa population , puisqu'elle compte 446 habitants et 502 avec la rue d'Enfer; tandis que les deux premières n'en ont ensemble que 190 (1). Sa situation au centre de l'agglomération urbaine, son état que nous venons de décrire , l'industrie considérable qui déjà s'exerce sur les bords de l'Odon et mérite qu'on s'occupe d'elle, de graves considérations d'hygiène publique,

(1) Savoir : rue au Canu, 141 ; rue de l'Académie, 49 (dernier recensement de 1851). Il est vrai que l'élargissement de la rue de l'Académie a été motivé par la nécessité d'offrir un accès plus commode à l'école d'équitation, qui cependant avait été si florissante sous MM. de La Guerinière et de La Plainière. Quant à la rue au Canu, son ouverture n'offrirait pas une grande utilité, si elle se bornait à faire communiquer la rue Saint-Sauveur avec les rues Saint-Etienne et Notre-Dame. Si, après avoir comparé la population de ces deux rues à celle de la rue de la Boucherie, nous mettons en regard leur longueur respective, nous voyons : 1° que la rue de la Boucherie à 220 mètres environ ; 2° que celle de l'Académie, jusqu'à l'école d'équitation, à 88 mètres; 3° que celle au Canu a 138 mètres ; 4° que ces deux derniers nombres réunis forment 226 mètres ; qu'ainsi elles ont ensemble 6 mètres de plus seulement que la rue de la Boucherie, et encore nous croyons qu'elle est aussi longue que les deux ensemble.

tout concourt puissamment à recommander l'emploi de tous les moyens praticables pour améliorer ce quartier. On pourrait accorder une prime à ceux qui, les premiers, reconstruiraient leurs maisons ; on pourrait leur accorder une remise ou modération sur certaines contributions pour un *quantùm* et un temps qui seraient déterminés.

Voilà les deux modes financiers que la ville pourrait employer avec l'achat de maisons. Et que les propriétaires, comme l'autorité, y fassent attention, nous le répétons, car l'amélioration de cette voie, par simple rectification d'alignement, serait illusoire par le temps qu'il faudrait pour l'accomplir complètement, et, d'ailleurs, elle s'accomplirait dans de mauvaises conditions sous le rapport de la voirie.

On doit considérer que le niveau de la rue de la Boucherie est demeuré bien inférieur à celui des rues *Notre Dame* et *Saint Etienne*, qui lui sont parallèles : ainsi, on devra relever ce niveau et atteindre celui des rues Saint-Laurent, d'un bout, et de la Venelle-aux-Chevaux, de l'autre ; car nous supposons toujours la Vieille-Boucherie, monument décrépit et sans caractère, de temps qui ne sont plus et d'habitudes qui sont changées, nous la supposons toujours détruite.

La surface de la rue de la Boucherie et son pavage devront présenter une ligne ondulée, divisée en cinq ou six sections, par des pentes et contre-pentes, afin de partager les eaux et de les conduire par des canaux, ouverts au fond des courbes du profil de cette ligne, au Grand-Odon, parallèlement et heureusement placé pour les recevoir. Ainsi disposée, cette rue n'offrirait plus de difficultés de circulation, puisque les eaux de pluie, de la fonte des neiges, seraient divisées et régulièrement écoulées (1) ; puisque son niveau, suffisamment exhaussé, opposerait une barrière aux débordements qui, dans l'état actuel des choses, l'envahissent dans toute sa longueur, ainsi que nous l'avons vu souvent, et encore l'année dernière. Mais comment exécuter l'ensemble indispensable de ces travaux, si vous n'agissez que par voie d'alignement, c'est-à-dire partiellement? C'est impossible.

Cette question particulière nous conduit forcément à dire ici quelques mots de la question du nivellement général, à laquelle on est toujours *fatalement* ramené lorsqu'on s'occupe de tout ce qui intéresse matériellement la cité, et surtout la voirie ; nivellement urgent, puisque tout retard dans l'application à la ville de Caen des dispositions facultatives du décret du 26 mars 1852, vient ajouter de nouvelles difficultés aux anciens obstacles qui entravent déjà l'exécution d'un acte d'administration publique aussi nécessaire, aussi impérieusement réclamé; et cela par les constructions qui s'élèvent chaque jour, par les pavages neufs qui se font chaque année, et bientôt par l'arrivée prochaine du chemin de fer, qui causera une révolution dans certains quartiers ; enfin, parce que chacun des points de la cité n'obtiendra toute son utilité, ne jouira de tous ses avantages

(1) La poésie, qui peint tout, a su nous offrir un tableau de ce que nous venons d'exprimer en très-humble prose.

« A nos yeux effrayés quand, fille des orages,
» La pluie à flots pressés inonde nos parages,
» Et nous fait redouter, par son débordement,
» Les effets désastreux d'un terrible élément,
» Nous bénissons la main tutélaire et prudente
» Qui de l'onde en fureur sait diriger la pente,
» En frayant un passage à sa masse qui fuit,
» Et va se perdre au loin sans dommage et sans bruit. »

qu'autant qu'il y aura une parfaite harmonie entre eux, que tous concourront également, et suivant leurs situations relatives, au même but : facilité et sûreté dans la circulation, propreté et salubrité.

Si nous descendons des hauteurs de ces importantes considérations aux faits particuliers qui intéressent un quartier populeux de la ville, qui appellent sa régénération matérielle, le nivellement nous apparaît encore comme une mesure indispensable. En effet, on assure que l'administration municipale doit bientôt s'occuper du dressement, si nécessaire, de la place Saint-Sauveur, délaissée depuis si longtemps ; elle exige assurément des soins intelligents que réclament l'étendue de sa superficie, sa situation entre le Palais-de-Justice et celui de l'Université; soins qui la rendent digne de la cité dont elle est destinée à devenir un des principaux ornements. Hé bien ! nous voyons que la position intermédiaire de cette place entre le coteau de Saint-Martin et les bords du Grand-Odon, doit se raccorder avec les rues adjacentes, avec la rue de la Boucherie, qui doit le plus tôt possible communiquer avec elle (au moins indirectement), et avec la place Royale, par la rue *au Canu*, ouverte jusqu'à cette dernière place. Quant à l'écoulement des eaux de la place Saint-Sauveur, il est facile, puisque le Petit-Odon coule tout près et parallèlement à sa longueur.

Voilà donc une nouvelle démonstration de l'urgence de l'étude approfondie du relief du terrain sur lequel la ville est assise, qui en fasse connaître exactement les plis et replis, toutes les ondulations ; car, sans cette connaissance, tout est entravé, tout est incomplet, tout est boiteux ; et les travaux les plus utilement conçus et les plus louables projets sont frappés de paralysie, d'impuissance, ou livrés aux chances de l'aveugle hasard, puisque, sans le nivellement, tout se fait avec incertitude, sans ensemble, sans base (1). Nivellement ! nivellement !!

Mais revenons à la rue de la Boucherie.

Après son nivellement exécuté, ainsi que nous venons

(1) Qu'on ne donne pas à ce que nous disons ici une fausse interprétation. Que le décret du 26 mars 1852 soit déclaré applicable à la ville de Caen. En exécution d'un de ses articles, ce que nous demandons immédiatement, sans aucun retard, c'est un plan général de la ville, puisque celui qui existe, en exécution de la loi de 1807, est inexact. Que, sur ce plan, les nivellements soient indiqués avec la plus rigoureuse exactitude. C'est une opération qui réclame toute l'expérience d'un homme intelligent, habitué à ces sortes de travaux. Hélas ! si ce plan avait existé depuis 30 ans que le pavage de la ville a été entièrement renouvelé, que des rues nouvelles ont été ouvertes, qu'un grand nombre de maisons ont été construites, quelles améliorations n'aurait-on pas obtenues dans la voirie urbaine au profit de la circulation, de la salubrité, de la propreté ! Ainsi, qu'on le sache bien, que les hommes qui ont le sens pratique et l'expérience des détails administratifs, surtout, le comprennent bien; car c'est pour eux que nous parlons. Le nivellement, que nous appelons de tous nos vœux, ne peut et ne doit être exécuté que *progressivement* pour une foule de causes que nous ne pouvons déduire ici : nous le comprenons, nous le savons ; mais nous comprenons et nous savons aussi que, pour obtenir cette grande amélioration matérielle, il faut nous mettre en mouvement, il faut entrer dans cette voie ; on n'arrive jamais quand on ne se met pas en marche. Au reste, comme nous sommes dans le vrai des intérêts municipaux en demandant le nivellement, il aura lieu tôt ou tard ; car la *Vérité*, fille du Temps, obtient tout de son père.

de l'indiquer, et surtout en vue de prévenir les inondations en général et celles de cette rue en particulier, nous demandons :

1° Que la rue *au Canu*, complètement élargie, soit poussée jusqu'à la place Royale, par la maison n° 125, rue Saint-Etienne, et celle qui se trouve n° 19, rue de la Boucherie. Cette ouverture en ferait une des grandes artères intérieures de la ville ; elle mettrait en rapport presque direct nos deux principales places ; elle établirait entre elles la circulation et la vie. Plus tard, cette rue *au Canu* serait conduite jusqu'à la rencontre du Petit-Cours, avec lequel elle pourrait facilement se raccorder et offrirait alors une voie conduisant au débarcadère du chemin de fer, placé, comme quelques personnes le croient utile et convenable dans l'intérêt général, sur la rive droite de l'Orne, en face de cette promenade, ce qui présenterait une belle perspective et un notable embellissement pour la ville ;

2° Que la rue du *Bout-du-Monde* soit ouverte jusqu'à la rencontre du nouveau boulevart de la Préfecture, poussé jusqu'au Palais-de-Justice, à travers les jardins de l'hôtel départemental, ce qui serait tout-à-fait nécessaire, si, comme d'autres personnes le désirent, la gare du chemin de fer était établie vers la Préfecture ou les prés d'Aulne ;

3° Que la rue de la Boucherie, élargie, soit conduite jusqu'à la Venelle-aux-Chevaux, après la destruction de la halle à la viande ;

4° Que cette rue soit ouverte à dix mètres, au lieu de huit, ce qui deviendrait encore plus indispensable, si elle devait conduire à l'embarcadère de la voie ferrée ; que cette ouverture ait lieu surtout du côté du Grand-Odon, où les constructions et les terrains ont le moins de valeur et ont le plus besoin d'assainissement (1) ;

5° Que l'égout qui se trouve dans la cour du Grand-Dauphin et reçoit les eaux qui arrivent en abondance sur ce point des rues *Ecuyère*, de l'*Odon*, *St.-Etienne*, etc., etc., et descendent par la venelle *Loisel*, soit suffisamment élargi, pour les recevoir toutes et les absorber promptement, en sorte qu'elles ne débordent pas dans la rue et qu'elles n'y séjournent pas, non plus que dans la cour du Grand-Dauphin.

Voilà les améliorations que nous souhaitons pour une partie considérable de notre cité ; nous les souhaitons, avec le concours de tous les moyens administratifs et particuliers qui peuvent les réaliser. N'oublions pas, dans cette ligue du bien public, l'action du temps, ce grand maître en toutes choses ; alors, le quartier de la Boucherie, où l'on ne voit que *masures*, *ruelles sales et tortueuses*, *les ténèbres*, *le silence et l'infection*, d'où s'exhalent des miasmes putrides et délétères, offrirait une grande et belle rue, dans laquelle *le mouvement*, *l'air*, *le soleil*, *l'industrie et l'activité* viendraient enrichir les propriétaires, assurer la salubrité aux habitants et embellir la cité ; car la propreté est pour une ville, pour ses rues, pour ses places, ses cours, ses monuments, ses

(1) Il est encore une autre raison qui nous fait insister fortement pour que l'élargissement ait lieu principalement du côté de l'Odon, ainsi qu'on le propose, au reste, sur le plan communiqué à l'enquête : c'est que les maisons de la rue *St-Etienne* et de la rue *Notre-Dame*, qui arrivent jusqu'à la rue de la Boucherie, seraient rendues à peu près inhabitables, si on les privait des appartements qui donnent sur cette rue (nous ne disons pas cela pour toutes) ; et alors les indemnités à payer seraient plus élevées, puisque le dommage serait plus grand.

maisons, ce que la décence et les vêtements sont pour les mœurs de ses habitants (1).

(1) Mon Dieu ! ne pourrait-on pas faire un peu mieux la toilette de nos murailles et, en particulier, celle de nos monuments ? Le décret du 26 mars 1852, dont l'application peut être faite à la ville de Caen, a prescrit le nettoiement des façades des maisons tous les dix ans (art. 5). Sans en exiger la rigoureuse exécution, il serait facile de prendre un arrêté municipal pour régler le mode de communication officielle de l'autorité avec la population et celui des publications qui intéressent les particuliers, surtout en assujettissant, en général, les afficheurs à n'apposer les placards qu'à des lieux déterminés, sauf les cas où il s'agit d'intérêts privés.

« Vous connaissez, lecteur, ce respectable asile
» Qu'au sein de nos cites on nomme Hôtel-de-Ville ;
» C'est là que chaque jour le maire et ses adjoints
» A nous administrer vont donner tous leurs soins ;
» Ce temple qu'en tous lieux vous voyez apparaître
» A des signes certains est facile à connaître :
» Ses murs sont encroûtés d'innombrables placards
» Du passant curieux attirant les regards. »

Que voyons-nous sur la façade de notre Hôtel-de-Ville ! Les loques multicores de ces placards agitées par le vent, après avoir été décollées par la pluie, comme les haillons de la misère sur le corps du pauvre. Espérons que, lors de la restauration de la façade de notre palais municipal, nous ne verrons plus ce fâcheux spectacle, et qu'une ordonnance de police, sagement motivée, exactement suivie, viendra assurer la bonne tenue et la propreté de l'*Hôtel commun,* ainsi qu'on disait autrefois.

M. le maire de Caen est déjà entré dans cette voie par son arrêté du 13 juillet 1852 ; d'ailleurs, il a annoncé, dans les considérants de cet acte, que l'administration municipale s'occupait d'un réglement général sur l'affichage. On pense donc à réaliser nos vœux à cet égard.

(*Extrait du journal* **l'Ordre et la Liberté.**)

www.ingramcontent.com/pod-product-compliance
Ingram Content Group UK Ltd.
Pitfield, Milton Keynes, MK11 3LW, UK
UKHW012129240726
13965UKWH00005B/2069